AF268208

LA
VOIX DU PEUPLE
EST LA VOIX DE DIEU,

PAR FADEVILLE,

Officier aux Invalides,

Auteur de BENJAMIN-CONSTANT, de MANUEL, de LAFAYETTE,
jugés par leurs actions, leurs discours
et leurs écrits;

De : *Aperçu critique sur Napoléon et les hommes
de son époque*, contenant une longue dissertation sur la bataille
de Waterloo;

De : *La République : le comte de Chambord,
Louis-Napoléon, et un prince de la famille d'Orléans*, etc.

Prix : 20 c.

PARIS,

CHEZ D. GIRAUD ET J. DAGNEAU, LIBRAIRES-ÉDITEURS,
7, RUE VIVIENNE.

1852

LA
VOIX DU PEUPLE
EST LA VOIX DE DIEU.

Les proverbes admis par toutes les nations, à toutes les époques, sont la vérité humaine exprimée en quelques mots : il en est un qui dit : « La voix du Peuple est la voix de Dieu. »

Sans doute, un peuple peut se tromper sur un principe, sur la valeur réelle d'un homme en qui il le personnifie, mais cette erreur est de courte durée. Ainsi, après février 1848, le peuple dit : Essayons une seconde fois de la République : si cette forme de gouvernement, rectifiée par l'expérience, peut faire notre bonheur, soyons républicains; aussi, le Gouvernement provisoire ne trouva-t-il pas la plus légère opposition; la dictature la plus illimitée lui fut accordée par la France. C'est alors que le peuple prononça ce mot sublime : « Nous avons trois mois de mi-« sère au service de la République; » son bon sens lui faisait comprendre que ce laps de temps était plus que suffisant à un Gouvernement, dont la volonté ne rencontrait aucun obstacle, pour mettre un frein au désordre, à l'anarchie qu'on prétendait inévitable pendant les premiers jours d'une révolution (le 18 brumaire et le 2 décembre prouvent le contraire); mais lorsque le peuple vit les trois mois écoulés, et le désordre destructif de toute prospérité aller en augmentant, et aboutir aux affreuses journées de juin 1848, l'instinct populaire, qui n'est que le bon sens transformé en sentiment, comprit, par ce nouvel essai, que l'essence de la République démocratique est la faiblesse, et que par conséquent cette forme gouvernementale ne peut point préserver la grande majorité de la nation des mauvaises passions auxquelles une minorité est toujours en proie dans toute agglomération d'hommes : alors commença ce que cette minorité a appelé la réaction.

La majorité, le peuple en un mot, comprit aussi que, de même qu'il ne faut qu'un général en chef pour commander, avec chance de succès, une armée opposée aux ennemis extérieurs; de même, à l'intérieur, l'armée de l'ordre ne doit avoir, pour la diriger, qu'un seul général en chef, afin qu'elle puisse vaincre l'armée de l'anarchie. La nation chercha donc un homme qu'elle pût placer à sa tête. Lamartine, lui disait-on, a préservé la France d'avoir pour symbole le drapeau rouge ; tous les yeux se tournèrent vers Lamartine, et beaucoup de départements le nommèrent Représentant. Mais, lorsqu'on vit qu'il voulait, à toute force, avoir pour associé au Gouvernement le chef de l'armée de l'anarchie, le peuple reconnut que Lamartine n'était point à la hauteur de la mission qu'il voulait lui confier, que ce n'était qu'un grand poète, qu'une machine à belles phrases, totalement dépourvue des qualités de l'homme d'Etat, qui, un jour, par hasard, avait eu du bon sens et du courage, mais sans plan, sans idées arrêtées ; on se souvint en même temps qu'il avait voulu, dans son roman historique des Girondins, transformer Robespierre, ce nom dit tout, en grâcieux et débonnaire berger de Florian. La faveur populaire se détourna de lui. (Voir la Note n° 1.)

Le peuple chercha de nouveau un homme. Alors lui apparut l'héritier de celui qui avait détruit la longue anar-chie commencée en 92. Cet héritier, en présentant deux fois sa poitrine aux balles, sa tête à l'échafaud, pour rendre au peuple sa souveraineté, avait montré qu'il possédait au plus haut point le courage civil, malheureusement si rare en France, et qui est la première qualité, la qualité indispensable dans le chef d'un État tourmenté par tant d'années de révolution. Le peuple, à une immense majorité, lui confia ses destinées ; et, lorsqu'il le vit marcher d'un pas ferme, assuré, dans le sentier de l'ordre, qui, seul, peut rendre possible l'amélioration du sort des classes laborieuses et souffrantes, ce peuple, qu'on prétend si inconstant, et qui, disait-on, reviendrait bien vite de son engoûment, s'attacha de plus en plus à l'héritier de l'Empereur, et lorsque il l'a vu, par la révolution la plus héroïque, la mieux combinée, détruire dans son germe l'anarchie qui commençait à renaître, la nation, consultée, a montré, par une majorité jusqu'alors sans exemple, qu'elle éprouvait un noble orgueil d'avoir si bien deviné, au 10 décembre

1848; que celui qu'elle plaçait à sa tête ferait voir qu'il était réellement digne d'elle. (Voir la Note n° 2.)

Un autre motif, encore plus puissant, plus impérieux peut-être que celui de se soustraire à l'anarchie, avait porté le peuple à élever au Pouvoir l'héritier de l'Empereur : ce motif, c'est l'indépendance, l'honneur national.

Tandis que Jourdan et Moreau, vaincus, étaient forcés de ramener leurs armées sur nos anciennes frontières, Bonaparte, continuant la série de ses prodigieuses victoires, donnait à la France, par le traité de Campo-Formio, ses limites naturelles. Cinq ans plus tard, comme chef de l'Etat, il les lui redonnait de nouveau par le traité de Lunéville. La victoire nous ayant abandonnés, le traité de 1815 nous a ôté ce que la victoire nous avait donné. Sous ce rapport, il n'y a rien d'humiliant, de déshonorant pour la France dans la fidèle exécution de ce traité. Il n'en serait point de même, si nous nous soumettions lâchement aux ordres des étrangers se mêlant de nos affaires intérieures. L'honneur national exige impérieusement qu'un peuple soit maître chez lui, qu'il puisse se donner la forme de gouvernement et le chef qui lui plaisent le plus. Ce fut là un des grands motifs de l'élection du 10 décembre 1848. Les timides, les lâches disaient au peuple : Gardez-vous bien d'élever au Pouvoir Louis-Napoléon, les étrangers n'en veulent pas, ils nous déclareront la guerre. J'ai entendu beaucoup de véritables Français, et partout ce fut la même chose, leur répondre : Les étrangers n'en veulent pas ? c'est une preuve qu'il fera le bonheur de la France. Nous voulons être maîtres chez nous ; s'il faut se battre, nous

nous battrons ; nous aurons pour nous le droit, la justice, et aux derniers les bons.

Maladroitement, on a rappelé dernièrement aux Français ce que le traité de 1815 avait réellement de déshonorant pour eux, dans la défense qu'on leur faisait de rétablir l'Empire. Voilà pourquoi l'immense majorité de la Nation, dont les veines sont gonflées du plus pur sang français, pousse avec tant d'enthousiasme le cri de : *Vive l'Empereur !* Voilà aussi pourquoi ses organes légaux, les conseils municipaux, généraux, demandent le rétablissement de l'Empire. Ces cris, ces vœux n'ont rien d'hostile aux étrangers. La paix est le désir de toute la France, et particulièrement de son chef ; mais elle veut s'appartenir, être maîtresse chez elle, s'organiser comme le demandent ses mœurs, ses besoins, son bonheur enfin ! Elle comprend très-bien que si nos anciens ennemis recommençaient 92, en voulant se mêler de nos affaires intérieures ; si, pour cela, il choisissait un prétexte aussi injuste qu'à cette époque, c'est qu'ils seraient décidés, à l'avance, de nous faire la guerre, dans l'espoir que nos dissensions leur fourniraient les moyens de nous ôter l'indépendance nationale, et de nous démembrer, d'abord partiellement, comme ils ont fait pour la Pologne, et successivement d'une manière complète.

L'immense majorité des Français comprend que, lorsqu'on ne veut point boire le calice de la honte jusqu'à la lie, il faut résister dès le premier pas, il faut faire comme cet enfant, véritable homme d'État, qui, décidé à ne point dire son alphabet, ne voulait pas prononcer A. — Pourquoi

vous obstiner ainsi ? lui répétait-on, cette lettre est sitôt
dite ! — Oui, répondit-il, mais je n'ai pas plus tôt dit A,
qu'on veut me faire dire B. De même, si des menaces
de guerre empêchaient de rétablir l'Empire, voulu par le
peuple, nos anciens ennemis nous diraient bientôt après :
Nous vous ferons la guerre, si vous ne rendez pas le pouvoir à un de nos préfets, à un membre de cette famille
chassée trois fois de France par les Français, en 1815,
1830, 1848 ! Un Bourbon seul peut nous assurer cette
domination occulte que nous voulons conserver sur la
France, parce qu'une famille que nous avons deux fois ramenée dans nos bagages, et dont tous les membres, aussi
bien en 1848 qu'en 1815 et 1830, se sont laissés chas-
ser sans se mettre à la tête de ceux qui mouraient ou vou-
laient mourir pour eux, ne peut point avoir pour elle ceux
qui ont du sang français dans les veines, c'est-à-dire l'immense majorité des Français; et alors, un Bourbon étant au
pouvoir, de nouvelles émeutes, de nouvelles révolutions
déchireront, amoindriront commercialement et militaire-
ment la France, et nous les guetterons pour en profiter de
toutes les manières.

Enfin, la guerre n'est possible que si nos anciens ennemis
la veulent à toute force ; et, dans ce cas, les prétextes ne
leur manqueront pas : qu'on se rappelle la vérité peinte à
l'esprit par la fable du Loup et de l'Agneau. Mais si les étrangers veulent que 92 renaisse, ne vaut-il pas des milliards de
fois mieux, pour les vaincre, au lieu d'un gouvernement à
échéance fixe, et qui, par cela seul, offrirait de grandes ten-
tations et de grandes chances de succès aux anarchistes et aux

auxiliaires intérieurs de nos ennemis, ne vaut-il pas mieux avoir sur-le-champ à leur opposer un gouvernement ayant un grand pouvoir, et dont la stabilité soit assurée d'avance par l'hérédité? Un grand exemple nous a été donné. Tant que le général Bonaparte ne fut que premier consul, il y eut des conspirations sans cesse renaissantes, et qui se combinaient avec les attaques des ennemis extérieurs; mais elles cessèrent aussitôt que la volonté nationale consultée, et à une immense majorité, eût fondé l'Empire. Tout prouve que cette majorité serait encore plus grande aujourd'hui. Les masses, le peuple enfin, ne sait point faire des phrases bien sonores, bien arrondies selon les préceptes de la rhétorique, mais la nature l'a fait logicien; et ce qu'on appelle chez lui instinct, sentiment, est l'art de voir très-distinctement ce qui peut le mieux, dans le présent et l'avenir, lui assurer le bonheur, non-seulement matériel, mais aussi le bonheur moral, et ce bonheur ne peut point exister pour lui, si l'honneur national n'est point complet, et si l'on peut dire aux Français, avec une apparence de raison : Votre chef n'est que le préfet des étrangers, car la branche cadette des Bourbons a été aussi bien ramenée en France par les ennemis que la branche aînée; sans eux, les d'Orléans auraient eu le même sort que les autres membres de la famille des Bourbons.

Cette ardente soif patriotique d'honneur national a fait que, sous les trois Bourbons qui ont gouverné de 1814 à 1848, il y a eu des émeutes continuelles et trois révolutions faites par les Français seuls. Les intérêts matériels étaient réellement dans un grand état de prospérité sous ces trois Bourbons; mais le peuple se sentait mal à l'aise, il comprenait qu'il lui manquait le point le plus essentiel, l'honneur.

Pour éviter de nouvelles émeutes, de nouvelles révolutions toujours si fatales à une nation, il faut que les Français, dont le bon sens leur fait comprendre qu'une république démocratique est antipathique à leurs mœurs, à leurs goûts, à leur organisation enfin, puissent, avec une noble et juste fierté, porter haut la tête, et dire : Cette dynastie que nous avions fondée en 1804, que nous arracha l'Europe entière, ils étaient vingt contre un, aussitôt que nous avons repris notre indépendance, notre souveraineté, nous avons rétabli ce que nous avions créé en 1804 ; cette dynastie, elle sort des entrailles du peuple, elle est entièrement à nous, entièrement notre propre ouvrage.

Cette dynastie, en outre, est le lien providentiel qui unira dans un sentiment de fraternité tous les peuples de l'Europe, non pas cette fraternité des utopistes, des anarchistes de 1848, s'annonçant par des assassinats, des guerres civiles, mais la véritable fraternité laissant à chaque peuple sa nationalité et la dynastie qui le gouverne, parce que ces dynasties comprendront assez leur réel intérêt pour conduire sûrement, et par conséquent graduellement, ceux sur qui elles règnent à l'égalité politique. Les nations, de leur côté, mettant à profit l'expérience de 48, sentiront que dépasser de beaucoup le but, ce n'est point du tout l'atteindre.

Les peuples de l'Europe ont compris combien ils s'étaient trompés en 1814 et en 1815, lorsque, à la voix de leurs aristocraties, ils se sont acharnés à la destruction de l'homme de l'égalité politique. Ce sont ces aristocraties qui, forçant les rois à nous faire la guerre (les preuves les plus positives en existent), ont contraint l'Empereur à remporter de nombreuses victoires, dont le résultat était de semer par toute l'Europe le germe de l'égalité politique, germe qui se développe continuellement, et finira par devenir un arbre robuste, dont les racines seront tellement profondes, que les efforts de toutes les aristocraties ne pourront l'arracher du sein de la terre. Chez tous ces peuples revenus de leurs erreurs, le nom de l'Empereur est presque aussi populaire qu'en France, son image y est multipliée, et si, de nouveau, les aristocraties obligeaient les rois à nous faire la guerre, le cri de vive l'Empereur ! qui est synonyme du cri de vive l'égalité politique ! poussé par nos soldats, aurait un immense écho dans le cœur des soldats étrangers, qui, bientôt, fraterniseraient avec les nôtres.

Dans la République des États-Unis de l'Amérique septentrionale :

1° Il y a des esclaves dans la moitié de ces États, et l'autre moitié, par une loi récente, s'est rendue solidaire de l'esclavage ;

2° En vertu d'une prétendue loi de Lynch, une foule en tumulte brise les presses des journaux qui lui déplaisent, démolit les maisons où ils sont imprimés, et met à mort ceux dont les écrits ou les discours sont contraires à son opinion. On conçoit que lorsqu'on possède des arguments aussi irrésistibles contre les opposants, la liberté de la presse et de la parole peut être illimitée.

3° Des officiers de justice sont massacrés dans l'exercice de leurs fonctions. On trouve tout simple que puisque ces meurtriers disaient que la loi n'est point bonne, ils aient eu le droit d'assassiner ceux que cette loi chargeait de son exécution.

Les destructeurs, les assassins sont bien connus, mais le gouvernement de la République est trop faible pour prévenir ou punir de pareilles atrocités, qui se sont renouvelées tout récemment encore. Il est aussi trop faiblement organisé, pour empêcher que de ses ports ne partent des pirates, presque tous citoyens des États-Unis, allant attaquer une puissance avec laquelle il est en paix. Il ne peut point non plus empêcher des menaces d'intervention dans leurs affaires intérieures faites à des puissances amies, dont les ambassadeurs sont même insultés.

Si les États-Unis n'étaient pas à quinze cents lieues de l'Europe, si cette nation faisait partie du continent Européen, ou il faudrait qu'elle augmentât le pouvoir de son gouvernement pour qu'il pût s'opposer à de si grandes violations du droit des gens, ou qu'elle soutint des guerres continuelles.

Dieu confie à la France une mission réellement sociale, réellement humanitaire, et la France saura la remplir. Cette mission est de montrer à l'Europe, par son propre exemple, que la nation la mieux gouvernée, et par conséquent la plus heureuse, est :

1° La nation où l'égalité politique, l'égalité devant la loi et la liberté des cultes, existent aussi complètes qu'il est possible ;

2° La nation où les individus formant autrefois le corps de la noblesse, conservent leurs titres, mais sous la condition expresse qu'ils n'abuseront point de cette condescendance pour chercher à rétablir ce qui a été détruit par le peuple en 1789 et en 1804 ;

3° La nation où le pouvoir est héréditaire, afin d'éviter ces crises à jour fixe, toujours si fatales pour un peuple qui a eu un ancien régime, et, où ce pouvoir a une grande force d'autorité, pour préserver l'immense majorité des citoyens, la nation enfin, des malheurs que voudraient lui faire éprouver de nouveau la coterie de l'anarchie (qui existe chez tous les peuples de l'Europe, et même aux États-Unis d'Amérique, comme nous venons de le voir), et les deux coteries dynastiques dont la tête renversée tourne les yeux vers le passé.

Aux minorités qui ne veulent de nouvelles révolutions que pour avoir des honneurs, des places et de l'argent, il n'y a rien à dire : l'application de la loi doit seule leur répondre. Mais il est une quatrième minorité qui, faute de consulter son bon sens, pense qu'il faut, même sans motif, une opposition ; qu'il faut même renforcer le parti de l'anarchie pour donner des leçons au gouvernement. On peut dire à ces hommes égarés : Vous ne voulez ni de l'anarchie, ni de la domination étrangère, quelque déguisement qu'elle puisse prendre ; eh bien ! réfléchissez-y mûrement, et vous comprendrez que pour éviter ces deux grands fléaux, le meilleur moyen est de vous rallier à cette majorité nationale manifestée si souvent depuis 1848, afin que, rendue encore plus immense, elle décourage tout-à-fait les étrangers, s'il y en avait encore d'animés contre nous d'un mauvais vouloir, et décourage aussi les trois autres minorités qui, s'affaiblissant de jour en jour, cesseraient enfin de conserver l'espoir de troubler la France : l'union fait la force.

NOTE I.

M. de Falloux, dans un article publié dans la Revue des Deux Mondes du 1er février 1851, dit, en parlant de M. de Lamartine :
« Plusieurs de mes collègues et moi lui demandâmes comment
« allaient s'entamer nos travaux (à la Constituante). Quoi! répon-
« dit M. de Lamartine, vous attendez de nous un canevas? Mais
« la Constitution de la France, au point ou nous sommes arrivés,
« est la chose du monde la plus facile à faire : prenez Béranger
« et Lamennais, dans quinze jours la Constitution sera faite. »
M. de Lamartine n'a point pu démentir ce fait.

Une nation est-elle inconstante parce qu'elle retire sa confiance à un homme qui montre une telle légèreté d'esprit, une absence si complète des qualités qui font l'homme d'Etat ?

Une autre sommité poétique de notre époque, M. Victor Hugo, s'est aussi lancé dans la politique, et ses oscillations de droite à gauche, de gauche à droite, de droite à gauche (il faut espérer que ce ne sera pas la dernière), prouvent que, en politique comme en poésie, il est le digne confrère de M. de Lamartine.

Pour être poète, il faut avoir une imagination très-mobile qui, d'un instant à l'autre, vous fasse changer de style, d'idées ; aussi, de nombreux exemples prouvent que les poètes sont de très-mauvais hommes d'État; pour l'être, il faut des idées fixes, arrêtées, positives. Ce qui peut consoler les poètes de ne pas être hommes d'État, c'est que les vrais hommes d'État qui, comme le cardinal de Richelieu, ont voulu faire des vers, n'en ont fait que de très-mauvais. La France, sans crainte d'être accusée de se répéter, peut dire à MM. de Lamartine et Victor Hugo : Pour mon bonheur et le vôtre, suivez l'exemple du grand poète Béranger, du chantre national ; ne forcez point votre nature, ne vous mêlez point de politique, mais, faites de très-beaux vers, faites de très-beaux vers, faites de très-beaux vers ! Ainsi Voltaire écrivait à un très-bon perruquier qui voulait être poète : Faites des perruques, faites des perruques, faites des perruques !

NOTE II.

Le signe caractéristique dont Dieu marque ses élus, ceux qu'il destine à faire le bonheur des nations, à faire avancer la véritable civilisation, c'est le don qu'il leur accorde de prendre un grand ascendant, une grande force morale sur les masses populaires. Ce don, que l'on peut appeler divin, Louis-Napoléon le possède au plus haut degré. C'est là ce qui lui a permis de détruire tout d'un coup l'anarchie préparée depuis tant d'années.

Qu'on réfléchisse mûrement à cette prodigieuse et réparatrice révolution du 2 décembre, à toutes les difficultés qu'elle présentait, et l'on se convaincra qu'un homme providentiel pouvait seul l'accomplir.

La moindre hésitation dans les chefs et les soldats, dans les chefs et les agents inférieurs de l'ordre administratif, pouvait la faire avorter, et déchaîner sur la France et l'Europe, avant mai 1852, l'anarchie dont la hideuse tête sortait déjà des endroits souterrains où elle se tenait cachée, certaine de réussir lorsque le pouvoir serait sans aucune force, serait tout-à-fait annulé par une immédiate réélection, et par le changement de personne qu'elle devait forcément amener.

Des hommes en renom, des généraux, de brillants orateurs,

d'anciens Ministres disaient, le 2 décembre, aux personnes de l'ordre civil, aux militaires chargés de les arrêter et de fermer l'antre d'où devait s'élancer une triple guerre civile : Vous violez la Constitution, vous serez mis hors la loi ; c'est-à-dire avant vingt-quatre heures vous serez mis à mort.

Ces menaces, qui pourtant, avant la fin du jour, pouvaient être exécutées, ne trouvèrent que des braves dans le cœur desquels l'ombre même de l'intimidation n'entra point un seul instant. Il en fut de même dans toute la France. Partout les ordres de l'homme providentiel furent exécutés avec le plus entier dévouement, avec la plus courageuse fermeté.

Honneur et reconnaissance de la patrie à tous ces braves, depuis les généraux en chef jusqu'aux plus simples soldats, depuis les Ministres et le préfet de police jusqu'à leurs agents les plus inférieurs, ainsi qu'aux journalistes, qui se mirent sur la brèche dès le premier instant. A tous il suffira de dire : J'ai secondé Louis-Napoléon dans les premiers jours de décembre, pour qu'on s'écrie : Voilà un homme, voilà un brave doué au plus haut point du courage civil, de ce courage malheureusement si rare, et par conséquent le plus admirable de tous.

Que tous les Français s'appliquent à acquérir ce courage si précieux, à le joindre au courage militaire inné chez eux, que tous acquièrent aussi cet ardent patriotisme, qui empêche de commettre le plus grand des crimes, celui d'aider, même en temps de paix, aux étrangers à nuire à sa patrie en cherchant à y fomenter des dissensions intestines; que tous les Français, en outre, soient imprégnés jusqu'à la moelle des os de ce juste orgueil national (et qui peut en avoir plus qu'eux!), de cet orgueil national qui fait corps avec le patriotisme, et qui, avec le courage civil, peuvent seuls faire la gloire et la prospérité d'une nation.

Imprimé par Henri et Charles Noblet, rue St-Dominique, 56.

www.ingramcontent.com/pod-product-compliance
Lightning Source LLC
Chambersburg PA
CBHW061220050726
47594CB00008B/3738